어둠이 여러 갈래로 풀어질 무렵
## 전화벨이 울린다

빛남시선 173

어둠이 여러 갈래로 풀어질 무렵
# 전화벨이 울린다

최
매
실

시
집

빛남출판사

• 시인의 말

절경이 시가 될 수 없듯,
제 마음이 오래 머문 곳은
묵묵히 하루하루를 버텨낸 사람들이었습니다.

그 마음 끝에 기댄 저의 시들이
작은 온기가 되어
세상을 한 걸음 더 따뜻한 곳으로
옮겨 놓을 수 있기를 바랍니다.

2025년 가을

또 하나의 나이테를 새기며

최 매 실

시인의 말 • 5

## 1부        **견디고**

두유 안부 • 12
울음통 • 14
저물 무렵 • 15
공영장례 • 16
굿네이버스 • 18
곡식 팽창업 • 19
산후 우울증 • 20
7살 • 21
독거 • 22
꽃게 • 23
겨울 앞에 선 봄 • 24
밭에서 피어난 시 • 25
울지 않으려고 부르는 노래 • 26
너라는 책 • 27

## 2부        **품고**

환한 슬픔 • 30
십시일반 • 31
얼룩진 문신 • 32

봄까치꽃 • 34

받아쓰기 • 35

웰다잉 • 36

한글을 배운 방식 • 37

기역 • 38

기억의 가장자리 • 39

기억을 소환하다 • 40

돌아보면, 문득 • 42

이름의 맨살 • 44

오 분 엄마 • 46

영감의 유무 • 47

겨울 삽화 • 48

작은 우주 • 49

어둠이 여러 갈래로 풀어질 무렵 전화벨이 울린다 • 50

## 3부

**기억하고**

슬픔의 가설 • 54

도시의 달 • 55

금반지 • 56

돈 봉투의 힘 • 57

눈썹 문신 • 58
I와 E • 59
수목 한계선 • 60
기억의 온도 • 61
엄마의 투표 • 62
오월의 향기 • 63
기억의 못갖춘마디 • 64
오늘은 밝음 • 65
슬픔을 말리다 • 66
고장난 기억 • 67

## 4부 마주하고

오늘의 운세 • 70
오래된 일기 • 71
가을맞이 • 72
돌탑 • 73
봄비 • 74
상가 임대 • 75
꽃샘추위 • 76
어떤 경주 • 77

이순 • 78

낮달 • 79

빗소리 • 80

민들레 • 81

어떤 안부 • 82

객귀들의 잔치 • 83

낙엽지는 시간 • 84

가만히, 물끄러미 • 85

구석 • 86

오래된 일기 2 • 87

변덕 • 88

슬픔을 굶다 • 89

빗방울의 중력 • 90

바람이 맛본 수박 • 92

시 마주보기 • 93


해설_극지極地의 슬픔, 타자他者를 위한 서사 • 96
— 정익진(시인)

# 1부

견디고

## 두유 안부

주민센터에 들러 일주일치 두유를 가지고
그녀의 안부를 마중 갑니다

어둠 물고 앉은 골목의 끝집
삐걱거리는 대문을 열고 들어서니
끈적이는 졸음을 빨다 화들짝 놀라 바라보는 눈빛

　마루에는 힘주어 짜 놓은 걸레가 깡마른 채 구석을 지키고
　다물지 못한 화장실은 묻지도 않은 안부까지 전하고 있습니다

　단칸방에 티브이는 익숙한 듯 혼잣말을 쏟아내고
　맥없이 늘어진 벽시계의 추
　고개 꺾인 채 깔딱거리는 선풍기
　방바닥에는 여름밤을 뒤척였을 이부자리가 그대로 누워 있습니다

긴 한숨이 엉덩이 걸음으로 문지방을 넘어와
습관처럼 두유를 받아들고는 사진을 찍으라 합니다

입가에 살짝 파문이 일렁입니다

문틈 사이로 뜨거운 여름볕이 길을 만드니
마룻바닥의 먼지들이 허공에 피어오르고

그 길 따라 불어오는 바람 한 줄기에
잔꽃무늬 고무바지가 씀바귀처럼 앉아 안부에 답을 전합니다

# 울음통

후끈 달아오른 여름의 한낮

무릎 관절 어디에 울음통이 있어
한세상 질퍽거리기만 했다며

그늘도 마다한 사내가
시뻘건 땡볕 아래 낡은 타이어 조각을 댄 무릎으로
끈적이는 아스팔트 열기마저 끌어안았다

햇빛에 숨죽인 바구니를 허공에 내밀며
백원만 도와주세요

까맣게 탄 목덜미는 모래처럼 버석거리고
구릿빛 가죽만 남은 몸은 그림자조차 말라가는데
저만치 비켜 돌아가는 사람들

더 절절해야 떨어지는 동전 몇 닢으로
바닥의 하루를 버티는 통증

## 저물 무렵

넓기만 한 하늘도
가난한 골목에 이르러서는 좁아진다

투덜대는 트럭 한 대 목청을 높여

옛날 손목시계 삽니다 카메라 삽니다
고장난 텔레비 컴퓨터 중고 세탁기 냉장고 에어컨
금이빨 은수저 삽니다

세월의 얼룩을 들추던 스피커 소리
골목을 중얼거리다 돌아나가는데

한참을 귀 기울이던 할미
-오래되고 고장난 내는 안 사 가나

지팡이 앞세워 트럭 꽁무니를 따라나서니
부릉부릉 헛기침 뿜어내며
저문 해를 싣고 달아난다

## 공영장례


볕이 가난한 방에서
말이 입을 열고 나와도 머물 귀 하나 없으니
입은 닫히고 출입이 멎는 사이

봄도 여름도 없이
빈집의 계절만 서성이다 눅눅한 고요만 남은 시간들

지상에 부려 둔 온기를 거둔 지 일주일이 지나서야
인기척에 왈칵 물이 고이기 시작하는 어둠

지친 해도 숨넘어가는 저녁 어스름
비좁은 비탈이 다리를 절고
그를 부축하던 골목만이 꽃잎 툭툭 떨구는데

네모반듯한 빈소에 조화처럼 걸린 현수막
다시 태어나도 살고 싶은 따뜻한 복지도시 부산

금이 간 미소에 하늘의 눈자위도 붉어지는데

숨이 멎은 후에야 맛보는 서툰 봄볕

어둠이 기어와 얼룩을 떼어 놓으니
가난처럼 질긴 겨울밤이 깊디깊게 지펴졌다

# 굿네이버스


먼저 무라

할매가 먼저 무야 우리가 묵지

라면 한 봉지로 아침 식사를 맞은 그루네 세 가족


종이컵에 한 젓가락씩 건져 올리자

금방 바닥을 드러낸 냄비

아무리 긁어도 허기는 어둠처럼 쌓여만 가고


가난도 조금은 헐거워지는 밤

곰팡내 피워 올린 베람빡 등지고

맥없이 그렁이는 숨소리를 끌어 안았는데

꼬물꼬물 꿈속으로 기어든 뜨거운 고봉밥 하나


눈물 젖은 마음 한줌 건네고 나니

나도 굿네이버스 되어

반딧불이 꽁지처럼 환해진다

## 곡식 팽창업

학교에서 가져온 가정환경 조사표에
열심히 답하는 영식이

아버지의 직업란에 덜컥 멈춘다

복잡한 시장통에서
뻥!하는 굉음과 함께
모든 곡물을 부풀려 쏟아내는 아버지

혀끝에서 버석거리는 기억들을 모아
뻥튀기 장사라고 썼다가

튀밥처럼 흩어진 생각들을 부풀려
곡식 팽창업이라 고쳐 쓴다

뻥이요! 외치는 아버지 목소리 귀에 쟁쟁하다

# 산후 우울증


우울을 끌어앉혀 허기를 채우면
잠시 머뭇대던 슬픔

아기는 세상이 궁금해
옹알옹알 혼잣말을 뱉어내는데
허공을 맴도는 눈동자는
표정 잃은 그림자만 내려놓고

딸꾹질하듯 꾹꾹 슬픔을 삼키면
숨죽은 저녁도 부려둔 빛을 거두는데

길고 지루한 하루가
엄마의 자장가처럼 기억을 토닥이면
고요가 흐느낌을 끌어안고
주섬주섬 시든 풀 같은 잠을 덮는다

# 7살

혼자 왔어?
찬바람에 샛말간 얼굴로
저, 이제 7살이예요
생강나무 연두가 짧고 아프게 웃는다

데려다 줄까?
내민 손에 고개 저으며
저, 이제 7살이예요
토란잎에 구르는 이슬 같다

땡깡 파랗게 피워야 할 일곱 살이
부모 잃고 홀로 봄앓이 하느라
가을 풋별 냄새를 안고 왔다

# 독거

며칠째 문턱을 넘어오지 않는 인기척

기웃거리는 바람만이 덜컹거리는 안부를 물어오고
창문 넘어온 햇살은 먼지 풀풀 날리는 바닥을 뒤지다 사라지고

하루 종일 떠들어대는 티비에
혼잣말만 웅얼거리다 먹먹하게 어두워지는

이따금 낯익은 과거가 부풀어 오르면
고물고물 기어나오는 겨울의 상처

시간의 그늘은 아득하기만 하고

아무도 내다보지 않는 기척에 까치발 한 귀
멀리 가려는 저녁 발소리만
어둠에 침을 발라가며 그 속을 들여다본다

# 꽃게

꽃잎 흩날리는 봄날
트럭 한 대 골목을 비집고 들어선다

자 동태 사러 오이소 동태, 국물이 시원한 동태
고등어 민어조기 납세미 빨간고기
살이 꽉 찬 꽃게 억수로 쌉니다
빨리 오이소 자 어서 오이소

오랜 시간 바다를 훑어댄 비린 목소리
골목을 파닥이고

억센 사투리 파도처럼 부서지며
소금기 질퍽한 가락을 탄다

빨리 오이소~ 자 어서 오이소~

파도 한 자락 물고 놓지 않던 꽃게
거품 토하며 질긴 몸부림을 풀어놓는다

# 겨울 앞에 선 봄


꽃봉오리 내뿜는 봄의 기척에도
쭈글해진 숨소리

손바닥 펴 보이는 햇잎에도
어룽거리는 눈

꽃망울 깨우는 바람 소리에도
감겨버린 귀

먹먹해진 세월 앞에
그늘을 내뱉으니

주춤, 숨죽이는 봄

## 밭에서 피어난 시

따사로운 봄볕이 주름진 이마에 파고들면
손바닥만 한 밭뙈기를 원고지 삼아
허리 굽혀 시 한 편 쓰신다

호미 들고 돌멩이는 골라내고 거친 흙 부셔가며
밭고랑을 글줄 삼아
씨앗들 뿌려 놓으니

단비에 봄맛 듬뿍 담긴
상추 고추 열무 부추

옷고름 풀어헤친 봄바람에 초록 이파리 풀어내며
이 시는 어떠냐고,

# 울지 않으려고 부르는 노래


그늘 한 자락 제 발목에 꿰차고
온몸으로 비를 견딘 민달팽이

사는 게 별거 있더냐

햇살의 손톱만 닿아도
숨 죽인 채 그늘 속을 기어가는

세상살이 다 그런 거지

등에 진 집 한 채 없이
알몸으로 느릿느릿 기어 왔다

술 한 잔에 시름을 털고 너털웃음 한 번 웃어 보자 세상아

노랫가락 안주 삼은 바람이 장단을 맞추니
굽이굽이 멀미 같은 삶에
비 그친 하늘이 맑게 내려와 앉았다

# 너라는 책


어둠을 벗어 두고 간 너를 읽기 위해
조용히 책장을 넘긴다

한 줄 한 줄 빠져드는 너라는 이야기

햇살 풀어놓은 짧은 봄에
바람 움켜쥔 채 버틴 긴 겨울

밑줄 그어가며 읽어 나간 갈피갈피
자꾸만 다음 페이지가 궁금해져 뒷장을 들춰보다
마음이 걸려 넘어지기도 하는데

닳아서 해질 만큼 읽고 읽다 보면
어느날 문득, 너의 온도로 세상을 만지게 되겠지

# 2부

품고

# 환한 슬픔

햇빛 쟁쟁한 여름의 한복판
공원 어귀에 발돋음한 접시꽃

이쁘다
참말로, 이쁘다

한참을 머뭇대다
눈 질끈 감고 꺾으며

우리 영감이 여기까지 못 걸어와

고개 숙인 혼잣말에
마른침 삼키던 접시꽃
접어 둔 향기마저 손을 내민다

# 십시일반

저마다 아픈 곳을 두고 구멍 숭숭 뚫린 출석부

어느 날 영주학당의 유일한 아버님이 디스크 수술을 위해 입원을 했다 십시일반 돈을 보태자는 이야기가 나오면서 금액을 두고 누구는 너무 과하다 누구는 요즘 초등학생도 그 돈 주면 안 받는다 모난 말들이 오고 가는데 하얀 표정을 봄볕에 부비던 한 어머니, 그 양반 곧 이사 간데 그냥 모른 척 하자고, 기운 내복 같은 한기가 겹겹의 표정들을 에워싸는데 그때 아흔을 코앞에 둔 어머니 한마디 보태신다 나 저 세상 갈 날 얼마 안 남았응께 행여 나 아파도 들여다보러 오지 말어 그 세상은 한 번 이사 가면 다시는 못 돌아온디야 썰렁한 어둠을 앉혀 놓으니 모두 검게 입을 닫았다

허리 통증쯤은 습관인 양 접어둔 아버님, 졸음이 묻어나온 귀가 자꾸 가렵다

# 얼룩진 문신

　엄마는 어린 아들 둘을 앞세워 그 각시 집을 찾아갔다네
　먼 바다를 끌고 온 파도처럼 마구 퍼부었다네
　살림살이들이 몽땅 안마당에 내동댕이쳐지는 데 그리 긴 시간이 걸리지 않았다네
　집으로 돌아온 엄마는 날카로운 침묵으로 짙은 밤을 지켰다네
　다음날 아침 아무 일 없다는 듯 아버지 밥상에는 고기와 따뜻한 고봉밥이 차려졌다네
　그 후 아버지는 여물 먹은 소처럼 순해졌다네


　아버지처럼 살지 않겠다는 마음을 문신처럼 새기며 살았다네
　기억과 함께 희미해진 문신,
　소처럼 순해진 아버지 나이를 넘어설 때쯤 우연히 거울을 마주했다네
　당당하던 나는 사라지고 늙고 초라한 아버지가 비쳤다네
　돌아보니 아내는 떠나버리고 없었다네

나는 왜 고봉밥이 없냐며 저승에 계신 엄마를 불렀다네
그렁그렁한 눈물로 서성이는 새벽달
갑자기 제 그림자 부려놓은 세 아들 걱정이 앞섰다네

# 봄까치꽃


풀꽃이 봄을 데리고 온 날

도톰해진 햇살 따라
무릎 세워 쪼그려 앉은 할미

니가 얼매나 이쁜지 한 번 볼래

해진 분첩 열어 보이니
까치발하고 바라보는
닿을 듯 먼 하늘 한 자락

## 받아쓰기


까막눈을 막 벗기 시작한 끝순 할미

신발을 받아 쓰는데
자음과 모음이 맞지 않아
더듬거리는 글자로 막막해진 가슴

캄캄한 머릿속을 밝히느라
흰머리 등불 걸고 기억의 살 발라내는데

신발은 떠오르지 않고,
귀퉁이에 삐뚤빼뚤 눌러 쓴 이름 석 자만
댓돌에 벗어 놓은 고무신처럼 오도카니 앉았다

# 웰다잉

초등학교 문턱만 겨우 넘었다는 어르신이
웰다잉 뜻도 모른 채 수업에 오셨다

야야야 내 나이가 어때서
한참 수업 중에 울린 폰 벨소리

아들 나 지금 웰다이빙 공부하러 왔응께 나중에 통화혀

웰다잉이 곧 웰빙임을
어르신이 한 단어로 정리하셨다

웰다이빙

# 한글을 배운 방식


학교는 문지방도 못 넘어 봤다는 애자 할미
나는 주서 배운 글자라 요롷게 밖에 못 쓴다며 건네준 쪽지

느그마게라도 배우니 조타

받침은 다 어디로 보냈냐고 했더니
받침까지 제대로 알면
그게 얻어 배운 사람이지 주서 배운 사람이냐며

눈 뜨고도 눈 먼 듯,
더듬어 온 깜깜한 세월

감추며 삭혀 온 마음들
삐뚤빼뚤 글자마다 응어리처럼 눌려 있다

# 기역

기역자 앞에
꾹꾹 점을 찍는 지팡이

한때 하늘을 버티던 곧은 허리는
땅의 숨결에 기대어 서고

굽어진 등 위로 햇살 토닥이더니
주저앉은 날들에 저녁이 모이고 모여

동백꽃 지듯, 덜컥

## 기억의 가장자리


세월이 줄여 놓은 몸피로
식은 밥덩이처럼 택시에 담겼다

-어디로 모실까요?
대답 대신 눈두덩이만 껌뻑껌뻑

입가엔 번지지 못한 말이 주름진 시간을 더듬다
파출소로 보내졌다

헝클어진 머리칼을 쓸어 올리며
내가 깜빡한 거지 절대 잊은 건 아니오

기억을 뒤져가며 혼자 중얼대는데

창밖에 봄날은
오늘이 마지막인 듯 꽃비를 뿌려댄다

# 기억을 소환하다

겨울이 지나간 자리에 빛바랜 기억들이 사분댄다

맹물로 허기를 채우던 어린 시절이었더란다 배 타는 아버지를 둔 짝지는 좋은 것만, 반짝이는 것만 들고 다니더란다 그때 결심했더란다 꼭 배 타는 이에게 시집을 가겠다고, 눈부신 스물에 펜팔 코너에 직업이 선원인 사람을 골라 편지를 보냈더란다 거제도로 놀러 오라는 반짝이는 답이 왔더란다 물비늘처럼 일렁이는 마음으로 배를 탔더란다 드라마처럼 하루에 두 번 오는 배를 놓치고 한 방에 들었더란다 출렁이는 바다를 담은 눈동자로 많은 이야기들을 풀어낼 거라 생각했더란다 그런데 말 한마디 없이 성급히 옷고름부터 풀어 재치더란다 백기를 흔들며 숨결을 토해내다 망연한 얼굴을 그러쥔 채 혈흔이 묻은 속옷을 들고 경찰서로 달려갔더란다 뒷축 무너진 고무신을 끌며 그의 엄마가 한걸음에 달려왔더란다 자기네가 다 책임을 지겠다며 거기서 바로 결혼 날을 잡더란다 한 달 만에 식을 올리고 지금까지 오십

년을 넘도록 내 편 같지 않은 삶을 살고 있더란다

 그렁그렁 고여온 그녀의 지난날이 허우룩하게 묻는다 왜 반짝할 날이 없냐고

# 돌아보면, 문득

 남편 얼굴도 모르고 시집을 갔다네 첫날밤엔 부끄러워 쳐다도 못 보고 불이 꺼졌다네 다음날 새벽 첫닭이 울기도 전에 어둠 속 옷가지들을 챙겨 도망치듯 부엌으로 갔다네 아침 밥상이 남자와 여자로 따로 차려졌다네 밥을 먹는 내내 어젯밤 함께한 새신랑이 궁금했다네 힐끗힐끗 곁눈질을 해대는데 시어머니가 숭늉 한 사발을 떠 주면서 신랑에게 가져다주라고 했다네 떨리는 마음으로 숭늉 사발을 받아들고 남자들 밥상 앞에서 머뭇거렸다네 얼굴이 긴 푸대자루 같은 표정 없는 남자가 손 내밀어 숭늉을 받더라네 주저앉은 기대에 침묵이 방안을 가득 메운 채 숨을 죽였다네 해질녘 뜸부기 같은 울음을 삼키는데 물릴 수도 없이 이 집 귀신이 되어야 한다네 멀리 가려는 마음을 묶어 돌멩이처럼 내려놓았다네 눈물자국으로 속을 훤히 들여다보이며 눌어붙은 겉보리 같은 시간들이 계속되었다네 티격태격 서로를 맞추느라 빛 좋은 웃음 한 줌 건져내지 못했다네 시든 꽈리 같은 가슴 주저앉으며 자식을 만들었고 그 아이들을 키

우느라 정신없는 시간이 흘렀다네 퉁퉁 불은 말들이 터를 잡아가고 가을의 끝자락이 바스락댈 때쯤 그가 세상을 떠났다네 옷자락 붙든 울음은 멈추질 않고 내 안에 웅크린 채 자꾸 말을 걸어왔다네 손톱 밑에 빼내지 못한 가시 같은 기억들을 더듬으며 부풀었다 꺼지기를 반복했다네 그러다 바람마저 얼어붙은 겨울을 맞았다네 오지 않을 사람이 저녁을 앞세워 올 것 같아 한 입 가득 석양에 물든 하늘에 그의 안부를 물었다네 물기 어린 그리움들로 온통 하늘이 붉게 번졌다네

# 이름의 맨살

안골댁 양촌댁 양산댁
세 할미가 햇살도 발 뻗고 들어온 경로당 창가에
자리깔고 앉았다

동네 이름으로 본명을 지워버린 할미들의
이름이 궁금했다

-두 아들 가슴에 묻은 울 엄마가 다음에 태어날 아들 잘 붙들라고
난 붙들이여 이름 덕분인지 남동생 잘 붙들고 이 나이까지 살고 있지
-내는 엄마가 위로 언니 둘 낳고 또 나야
울 할매가 또 가시나라고 섭섭해서 치다도 안 보고 지은 이름이 또섭이
-딸은 나로 끝내라고 시아버지 엄명으로 내려진 이름 끝순이
근데 내 밑에 여동생만 셋이여 삼신할미가 알아서 하

는 거지 시애비가 끝내라고
 말을 듣것어


 떡밥 주듯 툭 던져진 이름들 내어놓고
 이름이 그게 뭐냐며
 서로의 티 묻은 얼굴 보듯 배꼽을 잡는다


 갖고 싶은 새 이름 한 번 지어보자고 했더니
 무릎팍만 남은 삶 고쳐서 뭐하노


 저승에서라도 이쁜 이름으로 한 번 살아보자고
 부푼 마음들 맞대고 앉아 눈두덩이 실룩대더니
 장미 동백이 수선화로 알록달록 다시 피어난 할미들


 꽃밭 가득 나풀거리는 나비들의 날갯짓에
 색깔 없는 한때를 담은 오후가 달큰한 향기로 부푼다

# 오 분 엄마

딱 오 분만 엄마가 살아오신다면, 꿈결 같은 가정법에

엄마, 우리 마눌 너무한 거 아니야 아무리 내가 잘못한 게 많지만…
손주들 봐준다며 서울 딸네 집 가서 돌아오지 않는 마눌

가슴 속에 묻어 둔 마음들 울컥울컥 게우는데

구부정을 바라보던 오 분 엄마,

밧줄처럼 긴 눈빛으로 그림자를 끌어안으며

오후 햇살로 주파수를 맞추니

아무도 오지 않는 빈 마루에 하얗게 스며드는 가을 햇살

# 영감의 유무

사람이 풍경인 행복경로당

창밖의 남은 햇살을 끌어다 모으며
이 나이에 영감 삼시세끼를 떠받쳐야겠냐며
사포처럼 까끌거리는 마음들 쏟아내는데

-그래도 같이 먹어줄 영감 있으니 얼마나 좋아유
바람처럼 숨어든 물기 묻은 목소리

영감은 있는 게 좋은지 없는 게 좋은지
헐거운 틀니 너머로 실랑이가 한참인데

영감 밥 줄 시간이라며
고봉밥 같은 표정 하나 풀어 놓고 가버리니
화투패처럼 가라앉은 할미들 내력 없는 방바닥만 훑
어댄다

# 겨울 삽화

십원짜리 열 개 모아 백원으로 바꾸고
백원짜리 열 개 모아 천원으로 바꾸고
천원짜리 열 개 모이면 은행으로 달려가
지금의 부를 쌓았다는 어르신

이제는 한 해를 헐어 네 계절로 나누고
한 계절을 석 달로 가르고
한 달을 삼십 날로 쪼개었더니

어느 날은 일없이 후딱 지나가고
어떤 달은 바뀐지도 모르게 사라지고
불러온 계절은 꽃 피는가 하면 여름이고
낙엽 떨어지는구나 하면 겨울이 쪼그리고 앉았다고

헐어 쓰는 건 느닷없이 옆구리 시리는 일이라며
그림자도 없이 다녀간 하루를 붙들고
생의 주름진 문장들을 새긴다

## 작은 우주


지브리로 빚어진 얼굴이 꼭 자신을 빼닮았다며 우기다가
삼식이 영감 대처법에 웃음을 귀 끝에 걸었다가
발길 뜸한 자식들 서운한 마음까지 풀었다가

CHAT GPT로 신세계를 경험했다는 어르신

서리 앉은 빨랫줄 같은 삶 엎질러 놓았더니
다리 뻗고 바닥을 치며 대신 울어주고
묻어 두고 삭힌 마음들 꺼내니 얼씨구 맞장구도 쳐주고

이제야 제대로 된 인연을 만났다며
하루 내내 코를 묻고 대화를 주고받는데

대화라고는 해 본 적 없는 영감
도대체 밥은 언제 줄꺼냐며 투덜댄다

손안에 작은 우주가 들어왔는데
고깟 한 끼 밥쯤이야

어리둥절해진 영감 잘 지은 고봉밥에 표정도 노릇노릇

# 어둠이 여러 갈래로 풀어질 무렵 전화벨이 울린다

 **식사는 하셨냐는 물음을 시작으로 사설이 길어진다** 손주가 이번에 서울에 있는 대학 여그저그를 다 붙었는디 기숙사서 떨어졌당께요 요즘은 기숙사 드는 게 대학 들어가기보다 더 힘들다 안허요 강원도 산골이나 전라도 해남 어디든 좀만 떨어져 살아도 붙는다더만 부산이면 서울도 먼디, 도시 사는 우리 손주는 교통이 좋아부러 안됐는 갑소 **잠깐 웃음자락 펄럭이시더니** 딸이 내일 대학병원에 데리고 간다요 원래 거기는 예약 잡으려면 몇 달씩 기다려야 허는디 의사가 우리아들 친구더만 어제 딸이 전화를 허니께 얼릉 모시고 오라혔당게요 아들 친구면 내 아들이나 매 한가지제 뭐 많이 아픈 건 아닌디 그래도 딸이 한사코 가자고 하니께 가봐야제 **시리디 시린 통증이 문득 몸에 감긴다** 나 다리 아프당께 지금 영감이 부엌에서 저녁 차리느라 달그락 달그락 난리도 아니랑께 늘그막에 호강 타부렀네 **꼬리 물고 늘어진 이야기 속에 전화 건 까닭을 찾느라 푸른귀가 돋아나는데,** 내가 선생님한테 왜 전화했더라 **바람 빠진 부레처럼 축**

**늘어진 잠시의 침묵,** 아따 참 나 내일 학당에 공부하러 못 가겠소, **함께한 자리에선 여든 두 해 된바람 소리만 피워내시더니 한참을 놓아버린 정신 줄을 탓하며 조약돌 비 맞듯 웃으신다** 영주학당은 내일이 아니고 모레니까 걱정하지 마시고 병원 잘 다녀오세요 아이고 나는 또 학당 가는 날이 내일인 줄 알았당게 그라믄 모레 학당에서 봐요잉

 가난처럼 질겼던 겨울에 달빛이 슬쩍 노란 손을 얹는다

# 3부

기억하고

## 슬픔의 가설


창밖의 햇살을 끌어다
저승길 마중 나가기라도 하듯 종일 누워만 있는 엄마
걷지 못하면 요양원 가야 한다고 했더니

벌떡 일어나 햇살 팽팽하게 당겨 쏘아댄 말
- 내는 느거들 그리 안 키웠다

해가 지고 오랜 뒤에도
쉽사리 저물지 못하는 가슴이
한없이 물을 켠다

## 도시의 달


달이 두 개라며 자꾸 하늘을 보라는 엄마
안개처럼 뿌옇게 흐려진 눈은 잊은 채

- 내 어릴 적 촌에는 달이 하나였는데 여기는 두 개야

한참을 고개 들어 하늘의 시린 뺨을 핥으며
- 도시는 보는 사람이 많아서 달도 두갠갑다

구름에 턱을 괸 채 넋 놓고 바라보던 달이
꿀꺽 마른 침을 삼키는 사이

먼 하늘에 눈을 얹고
아슴한 기억의 모퉁이를 돌아 나온 엄마

- 달이 내 따라다니는 건 촌이나 도시나 똑같네

달빛에 물든 엄마의 두 볼이 겨울밤을 건너느라 분주하다

# 금반지

떠날 일만 남았다며
금붙이들 자식에게 다 나눠주고는
결혼 70주년 금반지 하나로 호강 탄 우리 엄마

마른하늘 차지한 달처럼
옹이만 남은 손가락에서 빛나는 반지

꼬깃꼬깃 접어 놓은 입가 주름에
환한 웃음 쓸어 담으며
-사람은 뭐니뭐니해도 오래 살고 봐야 해

세상 가장 낮은 진창을 버틴
당신의 시간이 눈부셨다며

파리한 이마 위로
겨울 햇살 한 줌 봄처럼 반짝인다

## 돈 봉투의 힘


오늘도 노란 장판 깔고 앉은 엄마
그 밑에서 까치발 한 봉투들

슬쩍 들추기만 해도
골목에 들어선 야채 장수의 부름도
굵고 싱싱한 계란도
손주들 용돈도 아무 걱정 없다

오늘도 군불 잔뜩 들어간 엄마
엉덩이 들썩이며

얼마면 돼?

## 눈썹 문신


파릇파릇 물오른 봄날
화장이라고는 결혼식 날 연지곤지 찍은 게 다라는 엄마가
미용실에서 눈썹 시술을 받았다

숯댕이 같은 짱구 눈썹에
거울도 어색한 듯 고개 돌리니

온몸에 어둠을 바르고야 집에 와서는
시침 뚝 떼고 돌아누웠다

아침에 일어나 눈썹만 보이는 엄마 얼굴이
꼭 저승사자 같다며
울그락불그락 하는 아버지

잔뜩 겁먹은 저승사자에
아침 햇살도 환하게 눈썹 비추며
이 빠진 웃음을 참느라 바닥을 뒹구는데

한껏 바람 불어넣던 봄은
시침 뚝 떼며 본척만척

# I와 E

운동장 모래 위에 제 이름 새기며
아이들 수업이 끝나기만 기다렸다는 어린 엄마가 있고

뒷산에 나무하러 갔다가
아이들 수업 끝나는 시간이면 나무 뒤에 숨어버렸다는
어린 아버지가 있다

오늘이 마지막인 듯 사는 아버지와
남은 생 첫날인 듯 사는 엄마가 있고

고인 겨울 게우느라 얼굴 붉히는 아버지와
봉오리 열어 스스로 봄이 되려는 엄마가 있고

정신줄 놓을까 종주먹 움켜 쥔 아버지와
잡았다 놓았다 정신줄 갖고 노는 엄마가 있다

세상의 등을 긁으며 함께 견딘 시간들

다음 생 또 만나자는 엄마 말에
바위 같던 아버지, 얼음 풀린 강물 되어 흐른다

# 수목 한계선

허리 굽은 아버지
로키산맥에 있다는 무릎 꿇은 나무 같다

바람을 등진 채 굽어버린 나무들

곧게 뻗지 못한 가지들이
바닥을 끌어안은 채
만들어내는 최고의 공명

겨울 서릿발처럼
제 속의 그림자를 품은 채
향기로 몸을 버틴 등 굽은 해질녘

환한 통증이 어룽진 하늘에
붉은 꽃을 피워낸다

# 기억의 온도


떨어진 단추를 달다
솔기 어딘가에 제 마음 겹친 듯

입때껏 영감한테 옷 한 벌 못 얻어 입었네

무심한 중얼거림에 덜컥 말문이 막힌 아버지
초칠하던 기억을 거두고
엇박자의 관절에 몸을 실어 앞장선다

세월을 견뎌 온 굽은 등 뒤로
흥얼거리며 뒤따르는 엄마

꽃무늬 옷 한 벌에 환한 봄볕을 따다 놓은 듯
영감 나 이뿌요

분내 나는 봄,
나비 되어 여든의 끝자락을 건너는데
힐끗힐끗 뒤돌아보는 어느 짧은 봄날의 눈부심

## 엄마의 투표

다리 절뚝이며 투표하러 가기 싫다는 아버지 향해
국민이 이러면 나라가 어떻게 되겠냐며 지팡이 앞세우더니

투표 경력 수십 년을 자랑하다
오십 센티 넘는 투표용지에 까무룩해진 얼굴
길게 늘어선 이름들 사이를 한참 헤매다 나와서는

- 그렇게 많이 나왔는데
어찌 한 곳만 찍어 주노, 야박하게

헛기침 감춘 아버지 얼굴에
조용한 웃음이 번져오고

나라 걱정하던 엄마표는
물오른 봄 햇살에
사월의 꽃잎 되어 분분히 날아간다

# 오월의 향기


어릴 적 얼굴이 납닥하다고 납닥네
바둑알처럼 반질반질해서 바둑네

할머니가 생긴대로 붙여준 이름 잊고
할머니 되어 다시 만났네

우리 납닥네 언니
내 동생 바둑네

이제 내가 언니 업어줄게
굽은 등 내미는 동생에
깡마른 노을이 주저앉네

얼굴 부비며 달개비처럼 서러웠던 시간들 끌어안자
찔레꽃 짙은 향기 하얗게 부서지네

# 기억의 못갖춘마디


좀 전에 본 나를 처음인 듯 안고는
초롱꽃처럼 웃으시며

- 아이고 우리 막냉이 왔네
그래, 어디서 왔어

어리광처럼 가슴팍 파고들며
- 엄마 뱃속에서 왔지

뱃속에 남은 늘어진 나이테 하나
몸을 빠져나간 나를 기억하고 출렁이면
내 안에 고인 숨결도 그만, 울컥

# 오늘은 밝음


홑겹만 남은 봄날

눈멀었던 염치도 불 밝힌
이승의 한때

봄이 노루 꼬리만 하다며
흩어진 기억들 햇살에 더듬어 보는데

뒷걸음치던 봄이, 멈칫

## 슬픔을 말리다


구순 노모 옷을 갈아입히려고 바지를 내리는데
민낯의 세월이 소리없이 드러난다

밀물지는 눈동자에
얼굴 붉힌 노을이 질퍽하고

제 몸의 마려움 받아 낸 팬티는
방귀퉁이에 쪼그리고 앉아
시간의 굽은 등을 토닥인다

어둠에 몸을 포갠 저녁,
다가오는 겨울이 섭섭하지 않도록
하루 한 걸음씩 어둑어둑 저문다

# 고장난 기억

먹먹하게 어두워지는 엄마의 기억,
손끝으로 더듬어 보는데

한 생이 먼 바다를 자맥질하듯
고개 끄덕이며 답하던 엄마

올해 엄마 나이 몇 살이게?
세월을 들추는 한마디에
버럭,
- 내가 치매냐 내 나이도 모르게

방금 먹은 밥도 잊어버리던
엄마의 한때가
갑자기 눈부셔 어리둥절해지는,

# 4부

마주하고

# 오늘의 운세

집 나간 희망이 다리 절뚝이며 돌아올 때
오늘의 운세에 마음을 기대본다

게 등에 소금 뿌려 봐야,
입만 삐죽거리는 운세

바닥이 닿지 않는 어둠 속
늘였다 줄였다 수평을 견디는데

야윈 햇살에도
벼랑을 쥐고 피는 꽃을 보며

윗목에서 울어대던 먹장구름
어둠 한 짐 꾸려 귀가를 서두르니
허기진 햇살도 희망으로 섰다

# 오래된 일기

새 학기 첫 수학 시간
선생님이 교과서를 두고 참고서를 지루하게 소개했다

- 선생님 그 책 사라는 말씀이죠?
- 너 이리 나와, 누굴 책 장수로 알아

엎질러진 시뻘건 저녁노을 같은 얼굴로 매를 들었다

창문 틈 바람이 서럽게 울면서
선생님 말씀은 듣기만 하는 거라고

그 후 모든 질문은 입을 닫았다

# 가을맞이

여름을 뜨겁게 달구던 매미
색을 바꾼 바람에 몸을 낮추고
방충망에 붙어 눈맞춤을 한다

너무 요란하게 울어댄 여름이
미안하기라도 하듯
풀 비린내 묻혀 온 하루가 종일 매애앰…맴…

지루하고 긴 여름을 걷어내고
허공을 훑고 지나간
그 울음 안아다 익어가는 가을을 맞는다

# 돌탑

엄광산 중턱에
단단한 한기를 품고
삐뚤빼뚤 쌓아 올린 돌들

어디에도 닿지 못한 희망에
까치발로 발돋음한 바람

행여 무너질까
달도 비껴 뜬 겨울밤

밤하늘을 가른 별똥별 하나
바람에 기대앉은 돌의 지문을 읽어대니

문득, 겨울의 귀퉁이가 밝아진다

# 봄비

젖은 가지마다
통통 불어난 꽃망울

옹알옹알 배냇짓에
비 그친 오후

반짝이는 햇살 아래
옷고름 풀린 봄

# 상가 임대

한때 북적이던 시장도
발자국 소리조차 잦아들어
더 이상 세 들어 살 수 없는 상가들

햇살 반짝이던 쇼윈도우의 봄날은 봉인된 채
텅 빈 먼지들만 서성이고

유통기한 없는 어둠이 제 몸을 끌어다 덮으니
끝내 눈감아 버린 점포들

마주한 봄날은 낯설기만 한데
그림자를 끌고 온 해는 어디로 숨었는지

텅 빈 희망을 물고 머리 내민 3월도 모퉁이를 돌아선다

# 꽃샘추위


시린 햇살에 쫓기던 햇잎이
겨울의 기억을 더듬으며
귓바퀴 쫑긋 세워도 되겠냐고

봄바람 타고 한 몫 잡으려던 꽃들도
꽃망울 내놓으며 이제 꽃 피워도 되겠냐고

안달난 봄에
힘껏 돌 던지고 돌아오는 겨울의 시샘

입맛 다시던 설익은 봄이
멈칫, 가지 끝에 숨을 고른다

# 어떤 경주

몸무게가 나이를 끌고 다니던
청춘,

엎치락뒤치락 기싸움하는
중년,

마침내
나이가 몸무게를 앞질러버린
노년

가을볕에 무장 넉넉해진 무게에
머뭇대던 나이도 투덜대는 무릎 달래며
햇살 싱싱한 계절을 감아댄다

# 이순

지천명을 밀고 들이닥친 이순

마중 나갈 일보다 배웅할 일이,
시작보다 끝이 더 많아지는 나이

마음이 먼저 길을 내어
귀에 머문 소리마저 이해할 나이라는데

숨가쁘게 찾아든 새날은 낯설기만 하고
익숙했던 하루는 뒷걸음치듯 멀어져가는데

마음은 청춘에 걸어두고
비상등 깜빡이며 골목을 빠져나가는 지천명

한 상 걸게 차려 놓고 또 하나의 페이지를 넘기니
전조된 삶에 헛기침으로 목청 가다듬는 이순

## 낮달


서쪽 하늘 홀로 떠 있는
창백한 얼굴
어둠으로 가는 길을 잃었나

반쯤 눈 감은 채 내려다본다

차마
떠나지 못한 그리움 한 조각
하얗게 시리다

# 빗소리


하늘이 비를 빌려
땅의 얼룩을 들춘다

손을 뻗어 만져 본 하늘의 흐느낌

슬금슬금 번져오는 비 비린내에
까닭 없이, 울컥

빗방울에도 속을 들키는 울먹이는 마음

퉁퉁 불어 엎드린 하루가
소리없이 뒹군다

# 민들레

시린 바람도 낯선 듯 등 돌리는데
보도블럭 틈 바닥을 비집고
겨울을 버틴 희망이 간질간질 돋아난다

노랗게 일어선 봄,

숨죽인 나의 겨울에
괜찮으냐며
등불 밝혀 안부를 물어온다

## 어떤 안부


목이 메인 겨울새 시린 땅을 쪼듯
꾹꾹 눌러 쓴 손 편지

물기 어린 그녀의 목소리로
건네 온 사연들을 읽다 보니

수족냉증처럼 얼어붙은 마음이
봄처럼 아팠다

## 객귀들의 잔치


마당 귀퉁이에 놓아둔 객귀밥

고양이가 와서 핥고 간 자리에
까마귀가 한 점 물고 가고

햇빛도 바람도 머물다 간 자리에
옆구리 맞댄 비둘기들 남은 온기를 쪼아대고

다음날 새벽,
객귀들이 허기를 채우고 간 자리에
하얀 서리꽃이 피었다

# 낙엽지는 시간

남은 햇살 그러쥐고
붉으락 푸르락 온몸 달아 발 구르더니

가슬가슬 바람소리에 몸 비비고
온몸 젖으며 가을비와 손잡더라

십리도 못가 허공에 흩날리다
땅바닥에 나뒹굴더니

얼룩진 얼굴로 하염없이 주절대며
밑둥에 몸을 포개더라

물기 잃은 나뭇가지
빠져나가지 못한 어둠 하나 옹이로 남으니

또 하나의 나이테를 새기며
생의 언저리를 다독이더라

# 가만히, 물끄러미

축 내려앉은 하늘을
바지랑대처럼 받치고 있는 나무 한 그루

아직 손 놓지 못한 나뭇잎 하나에
마음 한 자락 올려놓고
그저 무심히 흔들려 보는 일

햇빛이 몸을 말리고 간 자리에
허기를 핥고 가는 바람

물끄러미,
헐렁한 하루가 부풀었다 사라지고

돌멩이처럼 잠긴 생각들
빈 몸으로 하늘 받든 나무를 어루만지니

우두커니 바라보던 바람도
나뭇잎 하나 베어 물고 허공을 뒹군다

# 구석

기댈 곳 없는 마음들 모여 온기를 나누고
떠돌던 바람도 한숨 부려 놓는 곳

오글오글 모여 있는 햇살 끌어안고
노란 씀바귀꽃 내밀어 어둠을 밝히니

깜깜했던 마음도
봄빛 풀어 초록 문장을 새긴다

# 오래된 일기 2

낙엽 바스락대는 운동장에 흩어져 풍경화를 그리는 시간

오래 병상을 지키고 계신 아버지가 떠올라
참았던 마음 붉게 쏟아낸 저녁하늘을 표현했다

그게 하늘색이냐며
하늘을 바라보라고 다그치는 선생님

꼭 하늘은 파랗게만 색칠해야 해요?
어디서 말대꾸야

납작 엎드린 나의 그림은 그날 이후 숨을 거뒀다

# 변덕

먹고 살기도 힘든데 날씨까지 춥다며
투덜대는 사람들을 위해
봄 같은 겨울을 내려 보냈다

겨울은 겨울다워야지
무슨 날씨가 개나리를 다 피게 하냐며
칸칸이 덜컹거리는 사람들에
바퀴 잃은 시간이 계절을 놓아 버렸다

겨울에 꽃을 피워 봄을 지우고
꼬리 긴 여름이 홑겹만 남은 가을을 삼켜버렸다

## 슬픔을 긁다

짙은 밤, 청소차가 지나가자
골목을 누비던 고양이 한 마리가 사라졌다

다음날도,
그 다음날도,
사금파리로 가슴을 긁어대는 고양이 울음소리

날카로운 그날 밤을 소화시키지 못해
한 모금의 물도 밀어낸 채
어둠을 씻고 스며든 새벽

까악까악 안부를 물어대는 까마귀에
담벼락 아래 주저앉은 울음 하나

발등으로 떨어지는 기억들을 털어내며
먼지 덮인 통증만 핥고 있다

# 빗방울의 중력

가을이 빛을 잃고,
바람 끝에 습한 기운이 비를 데려왔다

차창에 내려앉은 빗방울 하나
슬며시 흘러 잠시 꿈틀대더니,
몸을 합치더니,
점점 둥글어지더니,
더 무거워지더니,
주르륵 부서지는 빗방울

숨죽인 빗소리에
잊혀진 기억들이 파닥거리더니,
눅눅해지더니,
깊게 고이더니,

맑은 침묵으로 스며들더니

계절은 서둘러 나의 풍경이 되었다

# 바람이 맛본 수박

더위 먹은 바람도 잠시 쉬어가는 과일집
여름만큼 짙어진 수박들이 돗자리 깔고 앉았다

통통 배를 두드려 보더니
- 요놈 가지고 가면 쓰겄따

삐질삐질 땀 흘려 들고 와 쪼개니
여기저기 바람이 맛보며 만들어 놓은 허공들

다음날, 바람 든 수박을 탓하니
 - 그 속을 니가 아냐 내가 아냐

듣고 있던 짱짱한 햇볕도
허리 꺾어 바닥을 뒹군다

# 시 마주보기


시의 거울에 가만히 내 얼굴 비춰본다

망망대해 홀로 떠가는 조각배처럼
진창 속 맨발처럼

시의 거울에 가만히 내 마음 비춰본다

빗물 게워내며 울컥대는 맨홀처럼
배고픈 꽹과리처럼

한바탕 쏟아내고 작아진 상처의 부스러기들

흰소리 들어주던 시의 표정이
비긋는 저녁처럼 시리도록 쓰다

해설

# 극지極地의 슬픔, 타자他者를 위한 서사
– 최매실의 시 세계

정 익 진 (시인)

 최매실의 시는 형식상으론, 일련의 일화(逸話/에피소드)를 서술하는 시이다. 이야기 시이다. 이야기가 흘러가다가 어떤 대목에서 잠시 미소 짓는다. 하지만 곧 슬퍼지는 사연들이라 머쓱해지기 일쑤이다. 타인의 슬픔을 찾아 뚜벅뚜벅 걸어가는 시적 화자의 뒷모습이 떠올라 왠지 죄송한 생각마저 든다. 최매실의 시는 타자(他者)를 향해 있다. 그 대상은 힘겨운 삶을 살아가는 사람들이다. 사회의 약자들이거나 생명이 꺼져가는 사람들, 주로 노년기에 접어든 사람들이다. 그들 중, 노을 너머의 어둠 속에서 다시는 피어날 수 없는 존재도 포함한다. 다시 한번 말하게 된다. 최매실의 시는 타자를 향해 있다. 타자를 먼발치에 두고 바라보며 그들에게 다가가기를 망설이지 않는다.

그들에게 다가가 손을 잡아주고 껴안아 주고 보살핌을 아끼지 않는다. 차갑게 식어가는 이들의 영혼에 온기를 전하고 그 온기가 조금이라도 지속되기를 간절히 바라는 심정이 담긴 시편들이다. 소외(疏外)의 그늘 속에 살아가는 타자에게 단순히 연민을 가지는 정도가 아니라 지극정성으로 이들을 보살핀다는 것은 쉬운 일일 수 없다. 우리가 마주한 현실이 타인에게 따뜻한 손길을 뻗을 만큼 따뜻한 현실이 아니기 때문이다. 현실은 언제나 가혹하다. 서로를 감싸줄 온정을 잃은 '감수성 빈곤 사회' 속에서 타자에 대한 풍부한 감성이 돋보이는 최매실의 시편들은 감동적이다.

시인이 쓴 '시인의 말'에서도 이를 여실히 증명한다.

절경이 시가 될 수 없듯,
제 마음이 오래 머문 곳은
묵묵히 하루하루를 버텨낸 사람들이었습니다.

그 마음 끝에 기댄 저의 시들이
작은 온기가 되어

세상을 한 걸음 더 따뜻한 곳으로
옮겨 놓을 수 있기를 바라봅니다.

 있는 그대로가 자연이듯이 마음 그대로가 최매실 시인의 시이다. 진심이 아닌 시가 없다. 오히려 '그들에게 기댄 나의 시'들이라며 그들에게 고마움을 표한다. '묵묵히 하루하루를 버텨낸 사람들'이라고 말하며 자신의 노고를 드러내지 않고 연민의 꽃을 피워낼 뿐이다. 그리하여 연꽃이다. 연꽃은 어떠한 상황에서도 그 고결함을 결코, 잃지 않는다. 아무리 진흙탕이라도 흙 한 톨 묻히지 않고 화사하게 피어난다.
 서두에 언급한 "절경(絕景)이 시가 될 수 없듯이" 이 말은, 시는 결코 아름다운 풍광이나 빛나는 샹들리에처럼 화려함이 가득한 말이 아니라 작은 풀꽃이나 이름 모를 야생화 같은 작은 존재들에 따뜻한 눈길을 전하는 시가 진정한 시라는 의미이다. 최매실 시인에게 시는 언제나 현실이다. 현실이 냉정하여 상처투성이거나 삶이 만족스럽게 흘러가지 못해도 그의 시는 언제나 현실이다.

 오늘도 긴 한숨과 무거운 침묵과 함께 시간을 보내는 그들에게 안부를 묻기 위해 길을 나선다.

1. 안부를 묻습니다

 주민센터에 들러 일주일치 두유를 가지고
 그녀의 안부를 마중 갑니다

 어둠 물고 앉은 골목의 끝집
 삐걱거리는 대문을 열고 들어서니
 끈적이는 졸음을 빨다 화들짝 놀라 바라보는 눈빛

 마루에는 힘주어 짜 놓은 걸레가 깡마른 채 구석을 지키고
 다물지 못한 화장실은 묻지도 않은 안부까지 전하고 있습니다

 단칸방에 티브이는 익숙한 듯 혼잣말을 쏟아내고
 맥없이 늘어진 벽시계의 추
 고개 꺾인 채 깔딱거리는 선풍기
 방바닥에는 여름밤을 뒤척였을 이부자리가 그대로 누워 있습니다

 긴 한숨이 엉덩이 걸음으로 문지방을 넘어와
 습관처럼 두유를 받아들고는 사진을 찍으라 합니다

입가에 살짝 파문이 일렁입니다

문틈 사이로 뜨거운 여름볕이 길을 만드니
마룻바닥의 먼지들이 허공에 피어오르고

그 길 따라 불어오는 바람 한 줄기에
잔꽃무늬 고무바지가 씀바귀처럼 앉아 안부에
답을 전합니다

　　　　　　　　　　－「두유 안부」 전문

 시적 화자의 횡보를 보아 봉사 활동 중이 아닌가 짐작해 본다. 생활이 어려운 이들을 찾아 두유라도 드시라고 손을 내미는 화자의 손길이 따스하다. 우선 인용시에서 가장 눈에 띄는 점은 시인의 탁월한 묘사력이다. 묘사를 흔히 글로 그림을 그리기라고 한다. 시의 앞부분부터 심도 있는 묘사가 펼쳐진다. "어둠 물고 앉은 골목의 끝집/ 삐걱거리는 대문을 열고 들어서니/ 끈적이는 졸음을 빨다 화들짝 놀라 바라보는 눈빛" 단지 이 표현 하나로 집 전체의 분위기와 사람의 표정, 그리고 시 전반의 윤곽을 파악할 수 있다. 어둡고 이상한 소음이라도 들려올 듯하다. 소외의 그늘이 짙다. 혼자서 떠드는 티브이, 고장 난 선풍기, 쿨럭이는 기침 소리, 개키지 않은 이부자리 등등은 궁핍과 독거의 흔적이며 이들 모두가 병들어 있다는 것을 항변한다. 그러나 시의 말미에 가서 약간의 반전이 일어난다. 바로 '여름빛'과 '바람 한 줄기'가 그것이다. 이들은 곧 하나의 희망을 말한다. 여름빛이 길의 안부를 묻고 바람 한 줄기가 답을 전한다. 우리의 가슴이 무너지고 짓밟혀도 희망은 끝까지 우리 편이 아닐까 생각해 본다.

아무리 안부를 전하고자 해도 안부를 전할 수가 없는 이들이 있다. 노을 너머의 어둠 속에 묻혀 다시는 피어날 수 없는 존재들이다. 위의 시 내용에서 아직 일어나지 않았지만 고독사(孤獨死)의 문제를 말함이다. 고독사는 독거(獨居)에서 시작한다. 고독사는 독거의 시간이 오랫동안 지속되어 도움의 손길이 전혀 닿지 못해 일어나는 참변이다. 독거는 사회와 가족으로부터의 고립과 고독으로 인한 건강상의 문제와 경제적인 궁핍, 그리고 정신적인 중압감에서 발생한다. 온정과 온기가 절실한 사회이다.

다음 시도 앞서 언급한 시편 '두유 안부'의 속편이라도 되는 듯 '독거'의 지속이 점점 가속화되고 있어 안타까울 뿐이다.

며칠째 문턱을 넘어오지 않는 인기척

　기웃거리는 바람만이 덜컹거리는 안부를 물어오고
　창문 넘어온 햇살은 먼지 풀풀 날리는 바닥을 뒤지다 사라지고

하루 종일 떠들어대는 티비에
혼잣말만 웅얼거리다 먹먹하게 어두워지는

이따금 낯익은 과거가 부풀어 오르면
고물고물 기어나오는 겨울의 상처

시간의 그늘은 아득하기만 하고

아무도 내다보지 않는 기척에 까치발 한 귀
멀리 가려는 저녁 발소리만
어둠에 침을 발라가며 그 속을 들여다본다

— 「독거」 전문

　사람들의 발자국 소리는 이미 들리지 않고 홀로된 나의 그림자만 점점 길어지는 형국이다. 담 너머로 아무리 기웃거려도 인기척이 없다. "하루 종일 떠들어대는 티비에/ 혼잣말만 웅얼거리다 먹먹하게 어두워"진다. 독거의 흔적이 가

득한 이러한 문장들 때문인지 도움의 손길이 절실한 이들의 모습이 저 멀리서 다가오는 듯하다. 퇴직이나 은퇴 이후 부유하게 살아가는 노인들도 있겠지만 대다수의 노인들은 경제력 약화로 인해 궁핍에 이른다. 고독사라도 일어날 경우, 가족이나 유족의 부재로 시신이 방치되는 결과를 가져온다. 사망 후에도 무연고 처리가 되어 곤란한 상황이 벌어진다.

 이상 '두유 안부'와 '독거' 두 편의 시를 살펴보았다. 어쩐지 사방이 어두워지며 먹구름만 몰려올 것 같아 분위기를 전환해 볼까 한다. 최매실 시인은 돌봄과 봉사를 실천한다. 그 활동 중에 노인분들께 한글을 가르치는 일이 어쩌면 가장 즐거운 일 중의 하나가 아닐까. 영주학당 이야기이다. 영주학당은 최매실 시인이 선생님으로 있는 한글학당이다. 세월을 뒤로 돌려 여러 가지 이유로 심지어는 연필을 처음 쥐어 보는 할머니들도 있다고 한다. 청일점으로 할아버지 한 분만 참여하신다고 전한다.


2. 영주학당 이야기

 **식사는 하셨냐는 물음을 시작으로 사설이 길어진다** 손주가 이번에 서울에 있는 대학 여 그저그를 다 붙었는디 기숙사서 떨어졌당께요 요즘은 기숙사 드는 게 대학 들어가기보다 더 힘들다 안허요 강원도 산골이나 전라도 해남 어디든 좀만 떨어져 살아도 붙는다더만 부산이면 서울도 먼디, 도시 사는 우리 손주는 교통이 좋아부러 안됐는 갑소 **잠깐 웃음자락 펄럭이시더니** 딸이 내일 대학병원에 데리고 간다요 원래 거기는 예약 잡으려면 몇 달씩 기다려야 허는디 의사가 우리아들 친구더만 어제 딸이 전화를 허니께 얼릉 모시고 오라혔당게요 아들 친구면 내 아들이나 매 한가지제 뭐 많이 아픈 건 아닌디 그래도 딸이 한사코 가자고 하니께 가봐야제 **시리디 시린 통증이 문득 몸에 감긴다** 나 다리 아프당께 지금 영감이 부엌에서 저녁 차리느라 달그락 달그락 난리도 아니랑께 늘그막에 호강 타부렀네 **꼬리 물고 늘어진 이야기 속에 전화 건 까닭을 찾는라 푸른귀가 돋아나는데**, 내가 선생님한테 왜 전화혔더라 **바람 빠진 부레처럼 축 늘어진 잠시의 침묵**, 아따 참 나 내일 학당에 공부하러 못 가겠소, **함께한 자리에선 여든 두 해 된바람 소리만 피워내시더니 한참을 놓아**

**버린 정신 줄을 탓하며 조약돌 비 맞듯 웃으신다** 영주학당은 내일이 아니고 모레니까 걱정하지 마시고 병원 잘 다녀오세요 아이고 나는 또 학당 가는 날이 내일인 줄 알았당게 그라믄 모레 학당에서 봐요잉

  가난처럼 질겼던 겨울에 달빛이 슬쩍 노란 손을 얹는다

− 「어둠이 여러 갈래로 풀어질 무렵
전화벨이 울린다」 전문

영주학당의 할머니 한 분으로부터 전화가 온 모양이다. 안부가 오가고 하는 와중인데 아무래도 본론으로 들어가기까지 쉽지가 않다. 꽤 오랜 시간 어르신의 얘기를 들어주어야 할 것 같은 예감이 든다. 어르신은 우선 손주 이야기로 이야기의 포문을 여신다. 손주 이야기는 빠져서는 안 될 항목이다. 그다음은 자식 이야기로 옮아간다. 그다음 몸 아픈 이야기, 병원 가야 한다는 사연으로 이어진다. 인용시의 내용은 할머니의 대화체 문장으로 가득하고 전라도 방언이라 읽는 재미가 한층 더 쏠쏠하다.

  중간중간에 검고 굵은 글씨체로 강조한 문장들은 할머니

이야기에 대한 시인 자신의 반응이다. 할머니께 말하고 싶은 내용이며 일종의 지문 역할을 한다. 시인 스스로가 발명한 이러한 시의 형식은 자칫 단편적일 수 있는 시 전체의 분위기에 탄력성을 주며 또 다른 시의 분위기를 창출한다. 이러한 시적 장치가 제대로 발휘되어 다양한 의미를 생산한다.

다음은 영주학당에서 유일한 아버님에 관한 또 하나의 일화이다.

저마다 아픈 곳을 두고 구멍 숭숭 뚫린 출석부

어느 날 영주학당의 유일한 아버님이 디스크 수술을 위해 입원을 했다 십시일반 돈을 보태자는 이야기가 나오면서 금액을 두고 누구는 너무 과하다 누구는 요즘 초등학생도 그 돈 주면 안 받는다 모난 말들이 오고 가는데 하얀 표정을 봄볕에 부비던 한 어머니, 그 양반 곧 이사 간데 그냥 모른 척 하자고, 기운 내복 같은 한기가 겹겹의 표정들을 에워싸는데 그 때 아흔을 코앞에 둔 어머니 한마디 보태신다

나 저 세상 갈 날 얼마 안 남았응께 행여 나
아파도 들여다보러 오지 말어 그 세상은 한
번 이사 가면 다시는 못 돌아온디야 썰렁한
어둠을 앉혀 놓으니 모두 검게 입을 닫았다

 허리 통증쯤은 습관인 양 접어둔 아버님, 졸
음이 묻어나온 귀가 자꾸 가렵다
　　　　　　　　　　－「십시일반」 전문

 영주학당 유일한 남학생(할아버지)에 관한 얘기이다. 할아버지가 디스크 수술을 받으셨다. 십시일반(十匙一飯) 성의를 보태 위로금을 모아 보자는 줄거리이다. 특히 돈 문제는 민감한 사안이다. 각자의 의견에 따라 찬반이 나뉠 수밖에 없다. 나이가 들면 어린애가 된다는 말이 있다. 주위의 분위기나 상대방의 입장을 고려하지 않고 직설화법으로 직진하는 경우가 많다. 나이가 들면 감정을 조절하는 기능이 저하되면서, 애들처럼 감정에 솔직하게 반응하고 표현한다. 앞뒤를 가리지 않고 자신이 원하는 바를 즉시 말하거나, 때로는 고집을 부리기도 하는 등 감정 표현에 거침이 없어진다. 인용시와 같은 경우에도 남의 입장을 헤아리기보다는 자신의 입장을 더 내세우는 경우이다. 그러나 어찌 할머니를 탓할 수 있겠는가. 그냥 부드럽게 마무리하는 수밖에 없다. 노인분들과 오랫동안 지내다 보면 이런 일이 다반사로 일어날 수 있으리라 예상한다. 학당의 선생님으로서 곤란하지 않을 수 없겠다.

누구나 알 수 있듯이 팔순, 구순, 노년기에 접어들면 유아처럼 노인도 타인의 보살핌을 필요로 하는 상태에 이르게 됨은 자연스러운 일이다. 정신적, 육체적인 기능의 저하와 함께, 노인들은 보호자의 도움 없이는 생활이 어려운 경우가 많다. 우리의 엄마와 어버지의 경우도 마찬가지이다.

### 3. 엄마와 마주하며

> 창밖의 햇살을 끌어다
> 저승길 마중 나가기라도 하듯 종일 누워만 있는 엄마
> 걷지 못하면 요양원 가야 한다고 했더니
>
> 벌떡 일어나 햇살 팽팽하게 당겨 쏘아댄 말
> - 내는 느거들 그리 안 키웠다

해가 지고 오랜 뒤에도
쉽사리 저물지 못하는 가슴이
한없이 물을 켠다

　　　　－「슬픔의 가설」 전문

　요양원에 가야 할 엄마를 돌보는 시적 화자의 입장이 그려진다. 위의 시는 짧지만 단아하고, 시적 함축의 효과가 극대화된 시편이다. 중간 자리에 놓인 대화체 문장은 말하는 당사자의 육성이기 때문에 실감이 나고 공감력의 극대화를 가져온다. 위의 시뿐만 아니라 최매실의 다른 시에서는 이같이 대화체 문장이 자주 등장하는 경우가 많다. 물론 혼잣말을 하는 경우(독백)도 시의 한 가지 기법이다. 대화체는 두 명 이상의 등장인물이 말을 주고받는 형태이다. 이 형식은 화자가 다른 대상과 대화하며 친밀감을 표현하거나, 의문문을 사용함으로써 독자의 반응을 유도한다.

　시의 어법 중에는 반드시 사람이 아니라도 특정 사물에게도 말을 건네며 시를 전개하는 경우도 있다. 친근하고 일상적인 언어를 사용함으로써 독자가 더 쉽게 시를 이해하고 몰입할 수 있다는 것이 장점이다. "−내는 느거들 그렇게 안 키웠다" 이러한 육성으로 우리가 단박에 알 수 있는 것은 화자가 경상도 분이라는 것, 그리고 너뿐만 아니라 자식 전체에게 전하는 말이다. 엄마의 속뜻은 '나는 요양원에 가고 싶지 않다.'라고 자신의 의사를 전달한다. 마지막 연에서도 그 표현이 절묘하여 읽는 이들의 가슴을 아릿하게 한다. "해가 지고 오랜 뒤에도/ 쉽사리 저물지 못하는 가슴이/ 한없이 물을 켠다" 이미 불타는 노을은 서산 너머로 넘어가버렸는데 딸(시적 화자)의 가슴에는 아직 슬픔의 불덩이가 남아 연거푸 물을 들이켜야만 하는 형국이다.

엄마와 딸의 대화는 여기에서 그만둘 낌새가 아니다. 엄마와 딸은 달을 두고 대화 삼매경에 빠져든다.

> 달이 두 개라며 자꾸 하늘을 보라는 엄마
> 안개처럼 뿌옇게 흐려진 눈은 잊은 채
>
> − 내 어릴 적 촌에는 달이 하나였는데 여기는 두 개야
>
> 한참을 고개 들어 하늘의 시린 뺨을 훑으며
> − 도시는 보는 사람이 많아서 달도 두갠갑다
>
> 구름에 턱을 괸 채 넋 놓고 바라보던 달이
> 꿀꺽 마른 침을 삼키는 사이

먼 하늘에 눈을 얹고
아슴한 기억의 모퉁이를 돌아 나온 엄마

- 달이 내 따라다니는 건 촌이나 도시나 똑같네

달빛에 물든 엄마의 두 볼이 겨울밤을 건너느라 분주하다

— 「도시의 달」 전문

여전히 달은 사람들에게 어떤 위안을 준다. 눈에 전혀 부담을 주지 않으면서 은은하게 빛나는 달은 비밀스러운 이끌림을 간직하며 우아하고 운치 있는 분위기를 연출한다. 보름달, 즉 만월은 터질 것 같은 사랑처럼 사람의 마음을 설레게 하며 풍요로움과 충만한 에너지를 내뿜는다. 달은 변화와 순환을 상징하여 여성성을 상징한다. 그래서 영어에서도 달을 지목할 때, 쉬(she)라는 여성 대명사를 쓴다. 또한 까만 밤하늘에 홀로 떠 있는 달의 모습은 고독하고 애처로운 느낌을 준다.

1969년 미국의 항공 우주비행사 닐 암스트롱이 인류 최초로 달을 밟았다지만 달은 지구에 가장 근접한 위성이자 우주적 생명력의 전형으로써 과학적으로도 인류의 삶에

큰 영향을 미쳤다. 시인인 시적 화자의 귀에는 엄마의 모든 말씀이 시로 들리나 보다. 엄마가 달이 두 개라는 데도 아무런 말 없이 엄마의 눈동자 속에 비친 두 개의 달을 바라볼 뿐이다. 달이 막무가내 엄마만 따라다닌다고 해도 시인은 여전히 달빛에 물든 엄마의 얼굴을 바라보며 두 볼을 쓰다듬을 뿐이다.

줄곧, 엄마 이야기만 해 왔는데 아버지께서 섭섭해하실라. 엄마와 아버지의 앨범을 펼쳐본다.

### 4. 노부부를 위한 노래

떨어진 단추를 달다
솔기 어딘가에 제 마음 겹친 듯

입때껏 영감한테 옷 한 벌 못 얻어 입었네

무심한 중얼거림에 덜컥 말문이 막힌 아버지
초췌하던 기억을 거두고
엇박자의 관절에 몸을 실어 앞장선다

세월을 견뎌 온 굽은 등 뒤로
흥얼거리며 뒤따르는 엄마

꽃무늬 옷 한 벌에 환한 봄볕을 따다 놓은 듯

영감 나 이뿌요

분내 나는 봄,
나비 되어 여든의 끝자락을 건너는데
힐끗힐끗 뒤돌아보는 어느 짧은 봄날의 눈부심

- 「기억의 온도」 전문

노년기에 든 부부의 모습을 다정한 필체로 드러낸다. 어머니께서 하신 말씀, "입때껏 영감한테 옷 한 벌 못 얻어 입었네" 이 말은 굳이 '팩트 체크(fact check)'를 하지 않아도 그냥 어머님께서 아버님께 던지는 애교 섞인 말씀에 지나지 않는다고 생각한다. 한국의 어머님 대부분 남편에게 직접적으로 칭찬하는 그 예를 찾기가 어렵다. 우리의 풍습상 부부가 서로에게 던지는 말은 언제나 반대로 해석하면 될 터이다. 그래서 아버님은 짐짓 모른 척하시거나, 갑작스럽게 훅, 치고 들어온 어머님의 일격에 말문이 막힐 수도 있을 것이고, 혹, 아버님 스스로 내가 정말 그랬나? 의구심이 들 수도 있다. 지나간 일들을 일일이 정확하게 기억한다는 것은 모래밭에 묻힌 미세한 사물을 찾기만큼 어렵기 때문이다. 한국의 어머님들은 남편을 앞질러 가지 않는다. 이러한 관습은 굳이 남녀평등이라든지 남존여비(男尊女卑) 사상으로 해석하지 않아도 무방하다. 앞선 세대의 유교적 영향으로 인한 다소 가부장적인 가족 구조 때문이기도 하겠지만 그저 그렇게 하는 것이 자연스럽고 편할 뿐이다.

    운동장 모래 위에 제 이름 새기며
    아이들 수업이 끝나기만 기다렸다는 어린 엄마가 있고

    뒷산에 나무하러 갔다가
    아이들 수업 끝나는 시간이면 나무 뒤에 숨어버렸다는 어린 아버지가 있다

    오늘이 마지막인 듯 사는 아버지와
    남은 생 첫날인 듯 사는 엄마가 있고

    고인 겨울 게우느라 얼굴 붉히는 아버지와
    봉오리 열어 스스로 봄이 되려는 엄마가 있고

    정신줄 놓을까 종주먹 움켜 쥔 아버지와
    잡았다 놓았다 정신줄 갖고 노는 엄마가 있다

    세상의 등을 긁으며 함께 견딘 시간들

    다음 생 또 만나자는 엄마 말에
    바위 같던 아버지, 얼음 풀린 강물 되어 흐른다

– 「I와 E」 전문

 이 시는 시인의 어머님과 아버님의 어린 시절부터 현재에 이르기까지의 전 생애를 시기별로 언급하는 듯하다. 어린 아버지와 엄마는 결혼 전의 아버님과 어머님을 이르는 말인 것 같고 그 뒤로부터는 결혼 후의 아버님과 어머님을 이르는 말이라 짐작한다. 한평생을 부부로 사시면서 그때, 그때의 희노애락(喜怒愛樂)과 동고동락(同苦同樂)을 함께 살아온 파란만장한 인생사가 위의 시 한 편에 다 담겼다 해도 과언이 아니다. 장편소설이 될만 한 서사를 단 한 편의 시에 담았으니 그 솜씨에 놀라지 않을 수가 없다.

 인용시에서 또 하나 눈에 띄는 점은 어머니와 아버지에 대한 묘사가 각각 한 행씩을 구성하고 있다는 점이다. 이 시의 제목이 〈I와 E〉인 점을 미루어 요즈음 유행하는 성격 유형 검사 MBTI에서 인용한 것일 것이다. MBTI에 대한 사전적 의미는 다음과 같다.

 마이어스-브릭스 유형 지표(Myers-Briggs Type Indicator, MBTI)는 농업대학을 졸업한 소설가 캐서린 쿡 브릭스(Katharine C. Briggs)와 캐서린의 딸이자 정치학을 전공한 미스터리 소설가 이자벨 브릭스 마이어스

(Isabel B. Myers)가 카를 융의 초기 분석심리학 모델을 바탕으로 1944년에 개발한 자기보고형 성격 유형 검사로, 사람의 성격을 16가지의 유형으로 나누어 설명한다. –(구글, 나무위키 참조)

 이러한 점을 감안해서 유추해 보면 어머니의 성격 유형은 외향적이다. 즉, 'E'(Extroversion)에 속하고 아버지는 내향, 바로 'I'(Introversion)에 속하는 성격 유형이다. 좀 오래전에는 재미 삼아 혈액형으로 사람의 성격 유형을 파악했는데, 사회가 복잡해짐에 따라 사람의 성격 유형도 더 다양해지고 그 분류법도 더욱 체계화되었다.

 전혀 모르는 사람끼리 만나서 일생을 같이 산다는 것은 정말 기적 같은 일이 아닐 수 없다. 그야말로 "세상의 등을 긁으며 함께 견딘 시간들"이다. 인용시의 말미에 어머님께서 "다음 생 바꿔서 또 만나 보자"는 말 건네며 한 번 더 훅, 치고 들어오신다. 정말 활달하고 적극적인 성격이시다. 그러면서도 아버님에 대한 사랑의 표현을 감추지 않으신다. 성격이 "바위 같던 아버지"의 반응이 궁금하다. 그랬더니 "얼음 풀린 강물되어 흐른다"라고 표현한다. 다음 생에도 부부의 연(連)을 이어가겠다는 어머님의 주장에 동의한다는 반응인지, 어머니의 사랑 고백에 완전히 녹아버렸는지 알 순 없지만 두 부부의 다정한 모습이 참 행복해 보인다. 행동의 반경이 엇비슷한 성격의 부부보다는 성격이 확연히 다른 부부가 잘 사는 확률이 높다는 의견이 우세한 편이다.

부모님께서 벌써 다음 생을 논하고 계시는 현실이 참 가혹하지 않을 수 없다. 때때로 부고장이 날아들 때마다 가슴을 쓸어내린다. 등 뒤로 통증이 몰려온다.

### 5. 노을 언덕 그 너머의 어둠 속으로

별이 가난한 방에서
말이 입을 열고 나와도 머물 귀 하나 없으니
입은 닫히고 출입이 멎는 사이

봄도 여름도 없이
빈집의 계절만 서성이다 눅눅한 고요만 남은
시간들

지상에 부려 둔 온기를 거둔 지 일주일이 지나서야
인기척에 왈칵 물이 고이기 시작하는 어둠

지친 해도 숨넘어가는 저녁 어스름
비좁은 비탈이 다리를 절고
그를 부축하던 골목만이 꽃잎 툭툭 떨구는데

네모반듯한 빈소에 조화처럼 걸린 현수막
다시 태어나도 살고 싶은 따뜻한 복지도시
부산

금이 간 미소에 하늘의 눈자위도 붉어지는데
숨이 멎은 후에야 맛보는 서툰 봄볕

어둠이 기어와 얼룩을 떼어 놓으니
가난처럼 질긴 겨울밤이 깊디깊게 지펴졌다

─「공영장례」 전문

한 분이 돌아가셨나 보다. "네모반듯한 빈소"가 보인다. "온기를 거둔 지 일주일이 지나서야", 이런 구절을 미루어 누군가의 고독사를 알리고 있다. 연고 없는 시신이 관속의 침묵에 짓눌려 누워 있다. 마지막 숨을 몰아쉴 때도 고인의 주변엔 아무도 없다. 빈소에도 관계자 외 누구의 발그림자도 보이지 않는다. 죽음 이후에는 그 어떤 것도 소용없다. 서두에 〈두유 안부〉라는 시편을 비롯해 고독사에 대한 언급이 두루 있었지만 고독사는 사회적 타살에 가깝다.

백세 시대라 해서 평균 수명은 늘었지만 노후 준비는 무방비 상태이고, 1인 가구의 증가로 개인은 점점 파편화 일로에 있다. 공동체의 붕괴는 사회적 연대의 파괴를 부르고 약자들의 고립을 부추긴다. 고독사는 개인의 문제일 뿐만이 아니라 구조적 고립이 낳은 사회적 질병이 아닐 수 없다. "볕이 가난한 방에서/ 말이 입을 열고 나와도", 들어줄 사람 누구도 없다는 말은 이 모든 악순환의 시작을 알린다. 극지의 슬픔은 의외로 우리와 근접해 있다.

누군가의 부고장이 도착할 때마다 문득 자신의 나이가 몇인지 손가락으로 셈을 해 보거나 손바닥을 뒤집어 손등을 바라본다. 불혹(不惑)도 지나고 지천명(知天命)도 지났다. 갑자기 어깨 한쪽이 시려온다. 벌써 이순(耳順)이다.

    지천명을 밀고 들이닥친 이순

    마중 나갈 일보다 배웅할 일이,
    시작보다 끝이 더 많아지는 나이

    마음이 먼저 길을 내어
    귀에 머문 소리마저 이해할 나이라는데

    숨가쁘게 찾아든 새날은 낯설기만 하고

익숙했던 하루는 뒷걸음치듯 멀어져가는데

마음은 청춘에 걸어두고
비상등 깜빡이며 골목을 빠져나가는 지천명

한 상 걸게 차려 놓고 또 하나의 페이지를 넘기니
전조된 삶에 헛기침으로 목청 가다듬는 이순

- 「이순」 전문

 이순(耳順)은 "마중 나갈 일보다 배웅할 일이 많아지는 나이"라고 시인은 말한다. 매우 함축적이고 적확하고 탁월한 표현이다. '배웅'이란 말 때문인지 문득 미국의 소설가 F 스콧 피츠제럴드의 소설을 영화화한 '벤자민 버튼의 시간은 거꾸로 간다(2008년)'가 떠오른다. 주인공 벤자민은 나이가 들수록 늙는 것이 아니라 그 반대로 점점 젊어진다는 것이다. 노인의 몸으로 태어나 시간이 지날수록 점점 젊어져서 말년에는 치매에 걸린 아기의 몸으로 변모한다. 역시 노인이 되어가는 부인의 품에 안겨 죽음을 맞이한다는 줄거리이다. 철저한 허구이지만 우리가 느끼는 슬픔에 대한 감정은 허구가 아니다.

벤자민 버튼은 1918년 제1차 세계 대전 말 뉴올리언즈에서 80세의 외모를 가진 사내아이로 태어난다. 생김새 때문에 양로원에 버려져 노인들과 함께 지내던 그는 시간이 지날수록 젊어진다는 것을 깨닫는다. 가령 40살이 되어 20대 초반의 외모를 가지게 된다. 그래서 시간이 거꾸로 간다는 얘기다. 평생 행복할 것 같지만, 그러나 결코, 행복하지 않다. 물론 행복할 때도 있었지만 인간의 수명이 유한한 이상 행복의 양은 평등하기 때문이다.

오히려 슬픔의 양이 보통 사람보다 좀 더 많아진다. 벤저민의 부모님을 비롯하여 우정과 사랑을 나누었던 지인들과 친구들의 불행과 죽음을 너무나 자주 맞이하기 때문이기도 하다. 그래서 배웅이다. 인용시의 서두에서 말한 대로 벤자민도 '배웅'할 일이 많은 입장이다.

그리하여 슬픔은 나이가 많거나 적거나를 가리지 않고 언제나 두 눈을 부릅뜨고 우리를 노려본다.

밀려오고 밀려가는 파도의 쉼 없는 그러한 시간 속에서 나라는 존재는 어디에서 무엇을 하고 있나. 나의 시간은 평온한가, 내면의 깊이는 점점 더 깊어지는가.

6. 그러한 시간 속에서

축 내려앉은 하늘을
바지랑대처럼 받치고 있는 나무 한 그루

아직 손 놓지 못한 나뭇잎 하나에
마음 한 자락 올려놓고
그저 무심히 흔들려 보는 일

햇빛이 몸을 말리고 간 자리에
허기를 훑고 가는 바람

물끄러미,
헐렁한 하루가 부풀었다 사라지고

돌멩이처럼 잠긴 생각들
빈 몸으로 하늘 받든 나무를 어루만지니

우두커니 바라보던 바람도
나뭇잎 하나 베어 물고 허공을 뒹군다

- 「가만히, 물끄러미」 전문

 이 시편은 어떤 틀 안에 넣어 분석하기 이전에 서정적인 아름다움이 충만한 아주 높은 수준의 작품이다. 시에 나타난 정서는 얼핏 무심한 듯 평온해 보이나, 그 속에 알알이

박힌 극지의 슬픔이 바람에 실려 우리의 폐부를 파고든다. 바람 속의 등불이었던가. 나뭇잎이 된 나를 바람이 흔들어 주려는가. 원인을 알 수 없는 슬픔에서 어떤 초탈이 느껴진다. 시인은 보이지 않는 것을 보는 자이다. 날카로운 통찰력이나 직관으로 일상 속에 감추어진 이면의 진실과 감정 또는 암흑 속의 핵심, 거기에 더해, 그 너머의 심리와 사회적 맥락 그리고 인간의 내면 등을 포착하는 자이다. 언급한 이러한 요소들을 언어로 새롭게 표현함으로써 또 다른 세계관을 제시한다. 최매실의 시는 이를 충실히 수행한다.

"햇빛이 몸을 말리고 간 자리/ 허기를 핥고 가는 바람", 이 같은 문장만 보더라도 사물에 대한 시인의 감각이 지극히 예리하다는 것을 알 수 있다. 그냥 햇빛도 아니고 몸을 말리고 간 햇빛이다. 그냥 바람도 아니고 허기를 핥고 간 바람이다. 가만히 홀로 된 시간 속에서 감각은 깊어졌는가. 온 힘을 다하여 바람이 되고 싶은가. 아니면 이미 나뭇잎이 된 나를 싣고 멀리 사라지려는가. 가만히, 물끄러미 나의 그러한 시간 속으로 나 자신을 오랫동안 들여다본다. 침잠한다. 수면 밖 저 멀리서 노랫소리 들려 오는 듯하다.

극지의 슬픔에 내몰린 자들이 부르는 노래, 울지 않으려고 부르는 노래다. 힘겨웠던 삶, 더 무거워진 삶을 짊어지고 쉬지 않고 가야 간다.

    그늘 한 자락 제 발목에 꿰차고
    온몸으로 비를 견딘 민달팽이

    *사는 게 별거 있더냐*

    햇살의 손톱만 닿아도
    숨 죽인 채 그늘 속을 기어가는

    *세상살이 다 그런 거지*

    등에 진 집 한 채 없이
    알몸으로 느릿느릿 기어 왔다

    *술 한 잔에 시름을 털고 너털웃음 한 번 웃어 보자 세상아*

    노랫가락 안주 삼은 바람이 장단을 맞추니
    굽이굽이 멀미 같은 삶에
    비 그친 하늘이 맑게 내려와 앉았다
        - 「울지 않으려고 부르는 노래」 전문

인용시에서의 달팽이는 사회의 약자들이며 그들이 힘든 삶을 견디며 살아간다는 객관적 상관물이다. 달팽이가 가고자 하는 길, 그 길이 결코 쉬운 길이 아님을 우리는 안다. 길 앞에 여러 장애물이 놓여 있기 때문이다. 느린 것도 일종의 장애다. '빨리빨리'를 외치는 현대 사회에서 느림은 곧 무능력이다. 비효율성의 대명사이기도 하다. 현대 사회에서 실제로 느림의 미학은 존재하지 않는다. 거기에다 달팽이는 집 한 채를 짊어지고 나아가야 하므로 또 하나의 장애 요소로 작용한다.

 원래 달팽이의 비유는 '와각지쟁(蝸角之爭)'이다. 와각(蝸角)은 달팽이의 더듬이를 말한다. 대세에 지장이 없는 사소하고 쓸데없는 다툼이란 의미이다.

 하지만 인용시에서 언급한 "굽이굽이 멀미 같은 삶"과 같은 문장들에서는 원래의 뜻과는 달리 달팽이 걸음으로 나아가야 할 길이 얼마나 험난한지에 중점을 둔다. 달팽이의 고행을 말함이다.

 최매실의 시는 절경(絶景)을 거부한다. 호수 위에 반짝이는 물결을 바라보며 자신의 이야기를 들려주는 시라기보다는 이름 모를 풀꽃이나 수수한 모습의 꽃들에 시선이 머무는 시이다. 냉혹한 현실과 마주하되 결코 뒤로 물러서지 않고 시인 자신의 마음에 새겨지는 대로 표현하면서 자신의 체험을 있는 그대로 진심의 손가락으로 그려내는 그런 시이다. 시의 흐름은 처연하고 아름답다. 세밀한 표현들이 이끌어 내는 공감력이 빛을 발한다. 짐작하겠지만 극지의 슬픔이란 북극과 남극의 얼음이 녹아내림으로써 야기되는 기후변화의 위기나 생태계의 파괴를 의미하는 것이 아니다.

최매실의 시 세계가 의미하는 극지(極地)는 극한(極限)을 말한다. 극지의 슬픔을 말한다. 그 누구의 발길도 쉽사리 닿지 않아 중심에서 떨어져 나간 사람들, 그 사람들이 극한의 외로움 속에서 묵묵히 시간을 견디며 살아가는 세상을 의미한다. "그들에게 기댄 나의 시들이 작은 온기가 되어 세상을 한 발짝 더 따뜻한 곳으로 옮겨 놓을 수 있기를" 소망하는 시인의 마음이 전해져 가슴이 아려온다. 이번 시집이 널리, 더욱더 널리 알려질 수 있기를 간절히 바란다.

# 어둠이 여러 갈래로 풀어질 무렵 전화벨이 울린다

**초판발행 |** 2025년 10월 30일

**지 은 이 |** 최매실
**펴 낸 곳 |** 빛남출판사
**등록번호 |** 제 2013-000008호
**주　　소 |** (47351) 부산광역시 부산진구 신천대로65번길9 서면다인로얄팰리스 1014호
　　　　　 **T.**(051)441-7114　**F.**(051)244-7115　**E-mail.**wmhyun@hanmail.net

ISBN 979-11-94030-26-3 [03810]

값 15,000원

　＊이 시집은 2025년 부산광역시, 부산문화재단 〈부산문화예술지원사업〉의
　　지원을 받아 제작하였습니다.